La ciencia de
EL SONIDO
Pamela Hall y Jared Siemens
LIGHTBOX
openlightbox.com

Lightbox es una completa solución digital para enseñar y aprender temas curriculares de una manera original e innovadora. Lightbox se basa en las Normas Curriculares Nacionales.

OPTIMIZADO PARA

- ✓ **TABLETAS**
- ✓ **PIZARRAS ELECTRÓNICAS**
- ✓ **COMPUTADORAS**
- ✓ **¡Y MUCHO MÁS!**

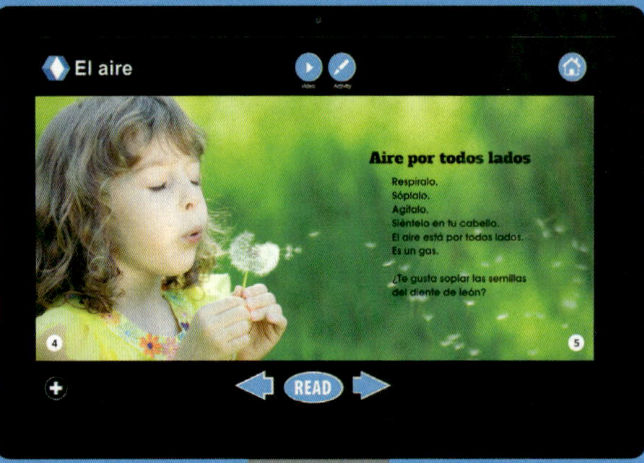

CARACTERÍSTICAS ESTÁNDAR DE LIGHTBOX

 **AUDIO** Narraciones de alta calidad con sistema de texto a voz

 **VIDEOS** Videoclips de alta definición incorporados

 **ACTIVIDADES** PDFs imprimibles que pueden enviarse por correo electrónico y calificarse

 **ENLACES WEB** Enlaces cuidadosamente seleccionados con recursos seguros para niños

 **PRESENTACIÓN EN DIAPOSITIVAS** Ilustraciones gráficas de los conceptos clave

 **MAPAS INTERACTIVOS** Mapas interactivos e imágenes satelitales aéreas

CUESTIONARIOS Diez preguntas de elección multiple con puntaje automático que se envían por correo electrónico al docente para su evaluación

 **PALABRAS CLAVE** Combinación de los conceptos clave con sus definiciones

VIDEOS

ENLACES WEB

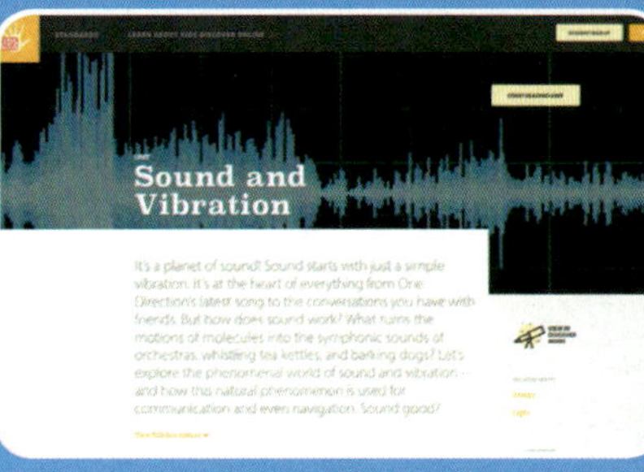

PRESENTACIÓN EN DIAPOSITIVAS

CUESTIONARIOS

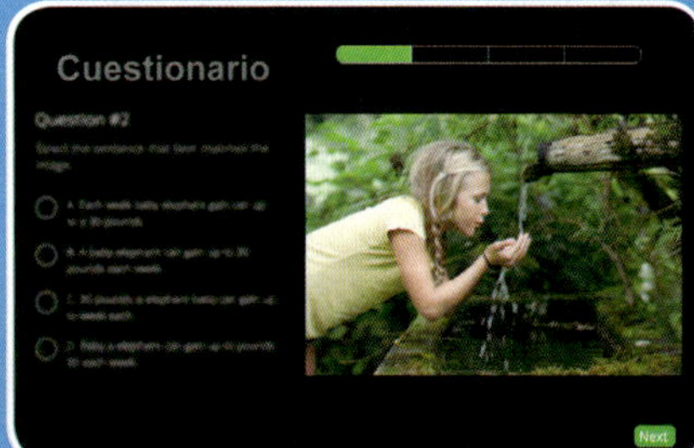

CONTENIDOS

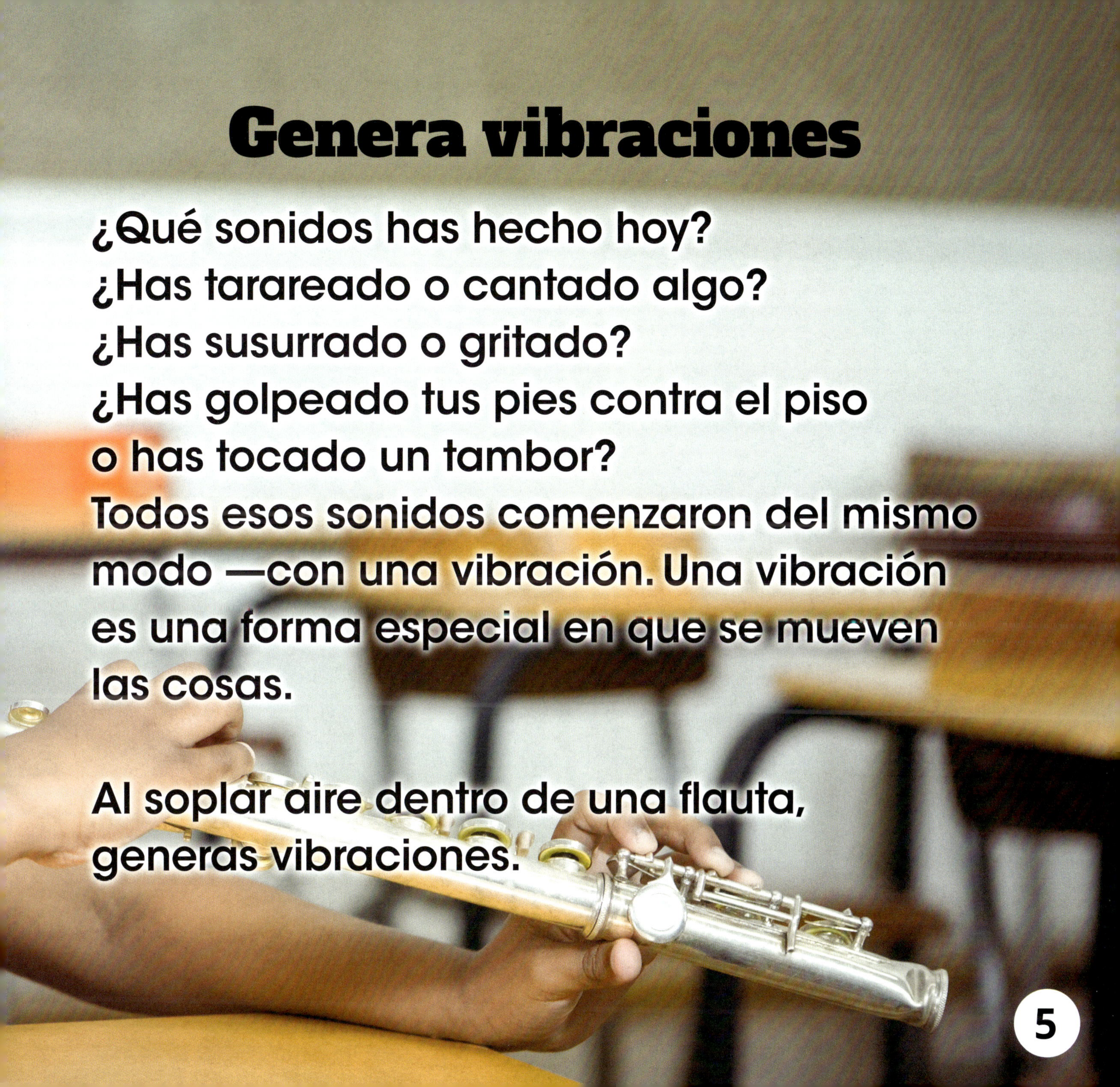

Genera vibraciones

¿Qué sonidos has hecho hoy?
¿Has tarareado o cantado algo?
¿Has susurrado o gritado?
¿Has golpeado tus pies contra el piso o has tocado un tambor?
Todos esos sonidos comenzaron del mismo modo —con una vibración. Una vibración es una forma especial en que se mueven las cosas.

Al soplar aire dentro de una flauta, generas vibraciones.

6

Si golpeas un martillo, vibra. Se mueve hacia atrás y hacia adelante muy rápido, pero muy suavemente. El martillo sacude el aire que lo rodea. Las vibraciones se mueven por el aire en ondas invisibles. No puedes ver al martillo vibrar, pero puedes sentir el movimiento en tu mano.

Imagina una piedra arrojada en una laguna calma. ¿Ves los anillos de ondas en el agua? Las ondas sonoras se alejan del martillo al igual que el agua se aleja de la piedra.

El volcán Krakatoa de Indonesia erupcionó en 1883. Hizo el sonido más fuerte que se haya escuchado en la Tierra.

Las ondas sonoras se propagan hasta que se quedan sin energía. Las ondas sonoras se mueven como estas ondulaciones. Sin embargo, el sonido viaja en todas las direcciones, no solo por una superficie plana.

¡Escucha!

¿Estás lo suficientemente cerca de las ondas sonoras? Si lo estás, los huesitos de tu oído vibrarán. Si te colocas la mano cerca de la oreja, puedes escuchar mejor.

Las vibraciones se convierten en señales que llegan a tu cerebro. Tu cerebro descifra qué sonido es. Los auriculares nos permiten escuchar cosas sin molestar a los demás.

¿Por qué algunos sonidos son altos? Las cosas que hacen sonidos altos vibran muy rápido. Las ondas sonoras están muy juntas. Un violín emite notas altas.

Las cosas que vibran lentamente emiten sonidos bajos. Las ondas sonoras están más separadas. El sousafón emite notas bajas.

¿Por qué algunos sonidos son fuertes? ¡Porque las ondas son grandes! Los sonidos más suaves tienen ondas más pequeñas. ¡Ouch! Tápate los oídos cuando hay sonidos fuertes.

Haz ruido

Ponte la mano en la garganta y di “mmm”. ¿Sientes cómo vibran tus cuerdas vocales? El aire que las rodea también vibra. Las ondas sonoras se llevan tu voz. ¡Ahora estás hablando! Las cuerdas vocales son pliegues de tejido dentro de tu garganta. Vibran cuando cantas.

Hola, hola, hola, hola. ¿Has escuchado alguna vez tu eco? Tal vez estabas en una habitación grande y vacía o en una cueva gigante. El sonido de tu voz rebotó contra las paredes y regresó a ti.

Gritar en un espacio grande y abierto hace eco.

Sonidos por todas partes

La voz no es la única forma en que usamos el sonido para comunicarnos. Los teléfonos celulares suenan. Aplaudimos y gritamos si estamos contentos. Los bebés se comunican llorando. Las sirenas nos advierten que tengamos cuidado.

Los animales también usan el sonido. Parlotean, trinan, silban y gruñen. Los delfines hacen silbidos y chasquidos que viajan hasta muy lejos por el agua.

Bajo, alto, fuerte, suave —el sonido está por todas partes. ¿En qué se diferencian estos sonidos? Una sirena, un trueno, una puerta que rechina y un gato que ronronea?

Sigue escuchando sonidos. Swish. ¿Escuchas el sonido de tu página al darle vuelta?

Los sonidos bajos tienen ondas que están muy separadas.

Los sonidos altos tienen ondas que están más juntas.

Los sonidos fuertes tienen ondas grandes.

Los sonidos suaves tienen ondas pequeñas.

Datos sobre el sonido

Las **ballenas azules** pueden hablar entre ellas a **100 millas** (160 kilómetros) de distancia.

Los **tres** huesos **más pequeños** del cuerpo humano están en el **oído**. Se llaman **martillo**, **yunque** y **estribo**.

Los **murciélagos** usan el **sonido** para **ver**.

Los médicos tienen **máquinas especiales** que usan el sonido para ver el **interior** del cuerpo humano.

El sonido **se mueve** a **767 millas** (1.234 kilómetros) por hora. Esto es casi **una milla** cada **5 segundos**.

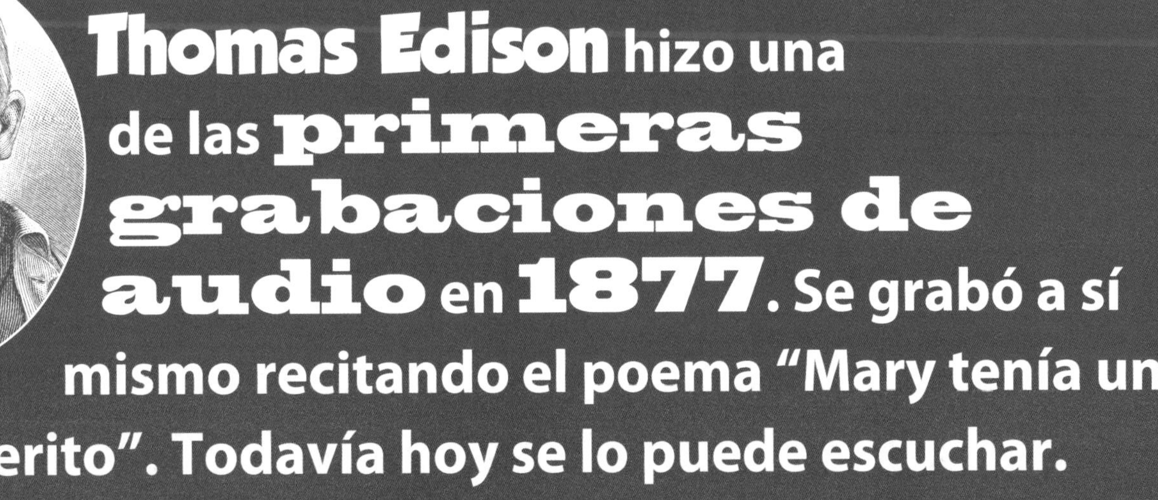

Thomas Edison hizo una de las **primeras grabaciones de audio** en **1877**. Se grabó a sí mismo recitando el poema "Mary tenía un corderito". Todavía hoy se lo puede escuchar.

Published by Smartbook Media Inc.
350 5th Avenue, 59th Floor New York, NY 10118
Website: www.openlightbox.com

Library of Congress Control Number: 2017961987

ISBN 978-1-5105-3444-5 (hardcover)
ISBN 978-1-5105-3445-2 (multi-user eBook)

Printed in the United States of America in Brainerd, Minnesota
1 2 3 4 5 6 7 8 9 0 22 21 20 19 18

022018
011518

Spanish Project coordinator: Sara Cucini
Spanish Editor: Translation Services USA
English Project coordinator: Jared Siemens
Designer: Ana María Vidal

Every reasonable effort has been made to trace ownership and to obtain permission to reprint copyright material. The publisher would be pleased to have any errors or omissions brought to its attention so that they may be corrected in subsequent printings.

The publisher acknowledges Alamy, iStock, and Getty Images as its primary image suppliers for this title..